Inhalt

Vorwort 7

Kapitel 1 12

Warum soll ich überhaupt ein Buch schreiben? Worin liegt der Nutzen für mich? 12

Kapitel 2 15

Wie schreibe ich ein erfolgreiches E-Book? 15

Kapitel 3 17

Soll ich mich auf ein spezielles Thema konzentrieren? 17

Kapitel 4 22

Jedes E-Book ist ein Test? 22

Kapitel 5 26

Für wen schreibe ich? 26

Kapitel 6 37

Wie finde ich relevante Inhalte für mein Buch? 37

Kapitel 7 41

Wie nenne ich mein Buch? Warum ist der Buchtitel sehr wichtig? 41

Kapitel 9 57

Warum sollten die Menschen gerade Ihr Buch kaufen? 57

Kapitel 10 60

Content Education und Content Marketing mit E-Books? 60

Kapitel 11 64

Die Verwendung von emotionalen Wörtern im E-Book 64

Kapitel 12 72

Wie soll ich arbeiten und schreiben? 72

Kapitel 13 75

Mein Buch ist fertig. Wie mache ich es in der grossen weiten Welt bekannt? 75

Schlusswort 89

Zusammenfassung: 91

Content & Education Marketing 3.0

Publizieren & Profitieren

Wie kann ich mein erfolgreiches Sachbuch schreiben?

10&10 Content Formel:
Inhalte finden kinderleicht

Markus Köberle

Impressum

Markus Köberle

Albisstr. 2

CH-8134 Adliswil / Schweiz

E-Mail : mail@aese.ch

Website: www.coaching1.ch2

Alle Rechte vorbehalten. Nachdruck oder Vervielfältigung, auch auszugsweise, nur mit Genehmigung. Dieses Buch bietet allgemeine Informationen zum Thema Content und Education Marketing und hat ausschliesslich informativen Charakter. Obwohl ich bestrebt bin, eine inhaltliche und typografische Richtigkeit zu liefern, können Fehler in Inhalt und Typographie auftreten.

Weitere Bücher von Markus Köberle

Wie veröffentliche ich mein erstes E-Book auf Amazon Kindle?

In diesem E-Book beschreibe ich den einfachsten Weg ein E-Book für Amazon Kindle zu formatieren und bei Amazon KDP zu publizieren. Amazon ASIN: B00BC3N73G

Was ist Social Media?: Warum Social Media für mein Geschäft? Wie starte ich Social Media mit kleinstem Aufwand?

Der alleinige Zweck einer Geschäfts-Social-Media-Präsenz und des Content-Marketings besteht darin, die Besucher der Social-Media-Seiten auf die eigene Website zu bringen. Warum das so wichtig ist, erfahren Sie im Buch. Amazon ASIN: B00N7V7804

Coaching Guide - Was ist Coaching?: Was ist New (Social) Media-Coaching?

Wie Sie im Buch vermutlich sehr schnell entdecken werden, gibt es sehr unterschiedliche Arten von Coaching. Auf der einen Seite gibt es klar Geschäfts orientierte Coachings wie das Business Coaching, Leadership Coaching, Karriere Coaching, New Media Coaching und Gehaltscoaching.
Amazon ASIN: B00KW8X4RZ

Vorwort

Haben Sie auch immer davon geträumt, ein eigenes Buch zu schreiben und zu veröffentlichen? Können Sie sich vorstellen, wie Sie durch Ihr Buch Ihre berufliche Reputation, Ihren Marktwert und Ihre Anerkennung steigern? Können Sie sich vorstellen, Ihr eigenes Buch als Visitenkarte zu übergeben? Können Sie sich vorstellen, wie Sie bei einem Vortrag sagen: „Ich bin Buchautor"?

Herzlich willkommen zu meinem neuen Buch „Wie schreibe ich ein Sachbuch? – Content und Education Marketing 3.0"!

Mein Name ist Markus Köberle, und ich helfe anderen, die neuen Medien für sich selbst und ihr Geschäft einzusetzen. Ich bin Internet-Unternehmer, Life-Coach mit Ausbildung in klinischer Hypnose und Autor von verschiedenen Büchern wie „Coaching Guide", „Amazon Kindle Revolution", „Was ist Social Media" und den

Amazon-Nummer-1-Bestseller „Wie veröffentliche ich mein erstes Buch auf Amazon Kindle".

Zu diesem Buch

Nach meinem letzten Buch „Social Media " und dem Feedback zu meinem Amazon-Nummer-1-Bestseller „Wie veröffentliche ich mein erstes Buch auf Amazon Kindle" erkannte ich den Bedarf nach weiteren Informationen im Bereich Content-Marketing und Social Media. Das ist ein Grund für das neue Buch. Der zweite Grund ist, dass ich immer wieder dieselben Fragen zum Thema Social Media und Content Marketing erhalte, etwa folgende:

- Wie schreibe ich ein Buch?
- Was ist Content Marketing?
- Wo finde ich den Stoff für mein Buch?
- Gibt es eine einfache Schritt-für-Schritt-Formel?

- Wie nutze ich Social Media für meine Buch-Promotion?

Was ist das Ziel dieses Buches?

Ist es Ihnen vielleicht wie mir ergangen, dass Sie auch einige Male versuchten, nun endlich ein Buch zu schreiben, doch nach den ersten Versuchen haben Sie das Vorhaben wieder auf die lange Bank geschoben? So erging es mir, und ich beging viele unnötige Fehler und daraus entstand dieses Buch.

Dieses Buch richtet sich in erster Linie an Menschen, die ihr erstes Buch schreiben wollen oder nach Ideen für ihr zweites oder drittes Buch suchen.

Wie kam es zu diesem Buch?

Sind Sie von der Idee, ein eigenes Buch zu schrei das ich insgesamt vielleicht 20 Fragen ergeben ben, begeistert oder erdrückt? Bei mir war es beides. Und ich habe mich gefragt: „Was nützt mir ein Buch? Wo soll ich beginnen? Braucht das nicht zu viel Zeit? Wie finde ich den Stoff zum Schreiben?"

Ich wusste nicht, wo beginnen. Das Ganze schien mir ein schwarzes Loch zu sein, ohne Anfang und Ende. Aber meine innere Stimme sagte mir: „Jetzt oder nie!" Also brachte ich den Ball ins Rollen und begann zu forschen, wie ich mit wenig Zeit- und Geldaufwand ein Buch schreiben kann.

Damit kein Missverständnis aufkommt: Dies ist keine Anleitung für ein normales Ich-habe-auch-ein-Buch.

Okay: Können Sie sich vorstellen, in Zukunft zu sagen:

„Ich bin Buchautor!"?

Können Sie sich vorstellen, das in Zukunft zu sagen und von der Autorität eines Buchautors zu profitieren? Okay, worauf warten Sie noch? Bringen wir die Sache ins Rollen!

Kapitel 1

Warum soll ich überhaupt ein Buch schreiben? Worin liegt der Nutzen für mich?

Wenn Sie sich diese Frage beantwortet haben, dann steigt die Motivation um ein Vielfaches.

Ich habe oft erlebt, dass Menschen zu mir kommen und Hilfe suchen, nachdem sie gefragt wurden: „Warum schreibst du kein Buch?" Oder was auch häufig vorkommt: Nach Vorträgen fragen die Teilnehmer, ob der Redner ein Buch zum Thema publiziert hat. In solchen Momenten hat sich mancher gewünscht, ein Buch geschrieben zu haben. Kennen Sie das vielleicht?

Wozu ist ein Buch nützlich?

Reputation: Mit Ihrem Buch können Sie sich Buchautor nennen. Das bringt Ihnen eine bessere

Reputation und Anerkennung. Mit einem Buch machen Sie sich einen Namen.

Marketing: Was, denken Sie, hat die grössere Wirkung: die Übergabe einer Visitenkarte oder die Übergabe einer Visitenkarte zusammen mit einem Buch?

Zeitersparnis: Als Antwort auf häufig gestellte Fragen können Sie auf Ihr Buch verweisen.

Kundenfilter: Mit dem Buch haben zukünftige Kunden die Möglichkeit, Sie schon kennenzulernen und sich mit Ihrem Stil und Fachwissen auseinanderzusetzen. Das filtert Interessenten, die mit Ihrem Stil nicht klarkommen, bereits aus.

Auf den Punkt gebracht: Dieses Buch dient dazu, dass Ihre Interessenten Sie kennenlernen und Ihnen vertrauen können.

Und vielleicht gibt es in Ihrem Fachbereich bereits mehrere Bücher. Das spielt keine Rolle. Wenn Sie Ihre eigene Story und Sichtweise einbringen, dann sprechen Sie Ihre Zielgruppe an. Sie haben bestimmt Storys und Elemente, die einzigartig sind. Überlegen Sie sich, welche Teile davon in Resonanz zu Ihrem Zielpublikum stehen könnten. Sondieren Sie: Was hilft, dass sich Ihre Leser mit Ihnen identifizieren?

Finden Sie gemeinsame Elemente, und Ihre Leser werden Sie mögen und verstehen. Damit erreichen Sie eine emotionale Verbindung, und Sie unterscheiden sich von den anderen Autoren.

Bitte haben Sie keine Hemmungen, auch von Ihren Misserfolgen zu schreiben und davon, wie Sie diese überwunden haben. Das zeigt den Lesern, dass Sie ein Mensch sind.

Kapitel 2

Wie schreibe ich ein erfolgreiches E-Book?

Geschwindigkeit der Umsetzung

Wenn Sie sich entschlossen haben, ein E-Book zu schreiben, dann ist es wichtig, das Projekt sofort anzugehen. Erfolgreiche Menschen unterscheiden sich von weniger erfolgreichen dadurch, dass die erstgenannten Menschen ihre Ideen sofort umsetzen.

Mit all den Informationen und Meldungen, die uns jeden Tag bombardieren, gehen Ideen schnell verloren, und ein paar Tage später erinnert man sich kaum noch an die Ideen von gestern oder vorgestern. Wie ist das bei Ihnen?

Oder es kommen neue Ideen, und andere neue Ideen und verhindern so die Verwirklichung des

Vorhabens. Keine der guten Ideen wird je umgesetzt und geboren.

Also: Wenn Sie ein E-Book schreiben wollen, dann beginnen Sie sofort und ziehen es konsequent durch. Sie werden staunen, wie viel Sie zum Beispiel mit einem konsequenten Tagespensum von einer Stunde erreichen können.

Also noch einmal: Die Geschwindigkeit der Umsetzung ist der Schlüssel, wenn Sie mit E-Books Erfolg haben wollen. Wollen Sie Erfolg haben, sich in Zukunft Buch-Autor nennen und von der Reputation eines Buch-Autors profitieren? Also, los geht's.

Kapitel 3

Soll ich mich auf ein spezielles Thema konzentrieren?

Statt ein breit gefasstes Thema zu beschreiben, grenzen Sie Ihr Thema ein und konzentrieren sich auf einen Aspekt.

Vielleicht wenden Sie jetzt ein, dass Sie mit einem breit gefassten Thema viel mehr Leser erreichen können.

Hier ein Beispiel:

Wenn Sie zum Beispiel ein E-Book über Gesundheit für Kinder schreiben wollen, dann ist es sinnvoll herauszufinden, welches das am meisten gesuchte Thema in diesem Bereich ist.

Bleiben wir doch gleich bei Kindergesundheit. Ich habe im Google-Adwords-Keyword-Tool nach „Kindergesundheit" gesucht und festgestellt, dass dieser Begriff mit nur 2'900 Suchanfragen im Monat nicht sehr gefragt ist.

Darum habe ich im Keyword-Tool weitergeforscht und „Kinder-krankheiten" eingegeben. „Kinderkrankheit" wird bei Google im Monat 27'000 mal gesucht, also fast zehnmal mehr als „Kindergesundheit", das im Monat nur 2'900-mal gesucht wird.

Das bedeutet, dass „Kinderkrankheiten" in die Titelzeile des E-Books aufgenommen würde, das auch aus Gründen der Suchmaschinenoptimierung.

Hier ein kleiner Hinweis am Rande: Die Menschen scheinen erst bei einer Krankheit oder einem Notfall motiviert zu sein, nach Rat zu suchen. Vorbeugen ist nicht so ein Thema. Das müssten Sie bei der Planung eines Buches evtl. berücksichtigen.

In Relation zu Kinderkrankheiten werden „Scharlach" 165'000-mal und „Windpocken" 90'000 mal im Monat gesucht. Das wären dann zwei Themen, über die es sich lohnt zu schreiben, weil darüber Informationen gesucht werden. Und Scharlach und Windpocken könnten in den Untertitel aufgenommen werden.

Wenn ich die Keywords/Schlüsselwörter so ansehe, die im Zusammenhang mit Kinderkrankheiten gesucht werden, dann ist es vielleicht auch sinnvoll, eine ganze Reihe zu schreiben. Also ein Buch über Scharlach und ein weiteres Buch über Windpocken.

Je mehr Sie Ihr Thema eingrenzen, umso direkter sprechen Sie Ihre Leser und E-Book-Interessenten beim Auswählen des E-Books an. Zum Vergleich: Wenn jemand nach Scharlach sucht, welcher Titel wird ihn eher ansprechen: „Was tun bei Scharlach?" oder „Kinderkrankheiten"?

Obwohl Scharlach auch unter den Kinderkrankheiten aufgeführt ist, wird der Suchende von einem Buch mit dem Titel „Was tun bei Scharlach?" mehr angezogen sein.

Je direkter sich der Interessent angesprochen fühlt, desto eher denkt er: „Ja, der Autor spricht zu mir über mein Problem." Das führt dazu, dass er Ihr E-Book wählt und weiterempfiehlt. Ist das sinnvoll?

Haben Sie mit diesem Beispiel erkannt, wie einfach und praktisch es ist, dieses Keyword-Tool als Hilfsmittel zu benützen?

Ich bin bei diesem Buch ähnlich vorgegangen. „Buch schreiben" war mir zu breit gefasst, da unter „Buch schreiben" unter anderem „Kinderbücher schreiben", „Romane schreiben" und „Sachbuch schreiben" aufgeführt werden. Da ich aber keine Erfahrung mit Kinderbüchern und Romanen habe, habe ich mich auf „Wie schreibe ich ein Sachbuch?" konzentriert.

Wer nun auf der Suche ist, wie er ein Sachbuch oder einen Ratgeber schreibt, der wird bei der Wahl „Wie ein Buch schreiben?" und „Wie schreibe ich ein Sachbuch?" keine Mühe haben, sich für das Sachbuch zu entscheiden.

Fazit: Je tiefer Sie sich in eine Nische bohren, desto so direkter können Sie Ihre Leser-Zielgruppe ansprechen. Es kann sich durchaus lohnen, ein breit gefasstes Thema in verschieden Bücher aufzuteilen.

Kapitel 4

Jedes E-Book ist ein Test?

Mit dieser Einstellung können Sie unbeschwert an jedes E-Book gehen. Jedes E-Book, das Sie schreiben, ist ein Markt-Test. Mit jedem E-Book können Sie zuerst die Marktchancen austesten.

Wenn Sie ein neues E-Book schreiben, dann können Sie im Voraus nicht genau wissen, ob die Leser Ihren Schreibstil mögen. Sie können auch nicht wissen, ob das Thema des Sachbuches oder Ratgebers ankommt.

Mit dem E-Book haben Sie nun den grossen Vorteil, dass Sie vor dem 500-Seiten-Buch eine kleine Vorserie veröffentlichen und die Downloadzahlen und Kommentare beobachten können.

Das E-Book können Sie immer wieder ändern und neu hochladen. (Das habe ich auch mit diesem Buch gemacht, es ist eine zweite und total überarbeitete Version.)

Viele Autoren schreiben ihr E-Book und laden es hoch und ändern es nicht mehr. Das ist schade, denn das E-Book gibt die Möglichkeit der Anpassungen und Aktualisierung.

Darum noch einmal: Starten sie Ihr E-Book so schnell wie möglich, es ist die erste Testausgabe. Jede Ausgabe kann verbessert werden.

Ihr Ziel ist die Version Nummer 3.0. Sie starten mit der Version 1.0. Das ist die Basis-Version. Bitte nicht falsch verstehen! Das heisst nicht, dass die erste Version schludrig sein darf. Im Gegenteil!

Die erste Version 1.0 kann zum Beispiel die Hauptelemente enthalten und ist so gemacht, dass diese schnell veröffentlicht wird. Diese Version ist gut genug, dass damit ein erster Test möglich ist.

In der Version 2.0 kommen die nächsten Verbesserungen, und diese Version ist dann schon ziemlich nahe an der Endversion. In der Version 2.0 können Sie sich mehr Zeit für das Design und das Formulieren nehmen.

Und wenn die Version 2.0 bei den Lesern ankommt, dann wird die Endversion auf Hochglanz poliert.

Also Version 1.0 ist die Basis-Version mit dem Wichtigsten. Die Version 2.0 hat mehr Design-Elemente und ausführlichere oder erweiterte Beschreibungen.

Und die Version 3.0 ist das polierte Meisterstück.

Es gibt einen Punkt, an dem Sie sich sagen müssen: „Gut ist gut genug." Ansonsten schreiben

Sie an einem ewigen Werk, das nie veröffentlicht wird.

Wenn Sie so vorangehen, verhindern Sie, dass der ganze E-Book-Gestaltungsprozess ins Stocken gerät. Wie gefällt Ihnen das?

Kapitel 5

Für wen schreibe ich?

Dieses Kapitel legt die Basis für Ihr Buch und ist das wichtigste Kapitel in diesem Buch. Deshalb lege ich Ihnen Folgendes ans Herz: Nehmen Sie sich Zeit für dieses Kapitel.

Nun fragen Sie sich vielleicht: „Warum ist es das wichtigste Kapitel?"

Wie ich im ersten Kapitel schon geschrieben habe, liegt nach meinem Verständnis der Zweck eines Sachbuches in erster Linie darin, neue Kunden zu gewinnen und gute, bestehende Kunden zu halten. Mit den neuen Kunden können Sie die Kunden ersetzen, die Ihnen auf die Nerven gehen und keinen Gewinn bringen.

Und darum habe ich eine Frage an Sie: Wie sieht Ihr idealer Traumkunde aus? Oder von einer anderen Seite aus betrachtet: Welche Kunden möchten Sie nicht? Das können Sie mit Ihrem neuen Buch steuern.

Ihr neues Buch ist ein Werbemittel und zugleich auch ein Filter.

Wie erreiche ich meine Traumkundin oder meinen Traumkunden?

Sprechen und schreiben Sie zu einer Person

Stellen Sie sich Ihre Leserin oder Ihren Leser vor. Schreiben Sie gezielt für diese Person und nicht für eine Gruppe. Führen Sie ein „Gespräch" mit Ihrer Ziel-Person oder Ihrem Avatar.

Nun haben Sie vielleicht Bedenken, dass Sie damit Ihren Kundenkreis zu stark einschränken würden. Das mag auf den ersten Blick so aussehen. Wenn Sie das 80/20-Pareto-Prinzip kennen, dann ist das

Fokussieren eine gute Sache. Der Wisseschafter Wilfredo Pareto hat herausgefunden, dass in der Regel mit 20 % Aufwand 80 % der Ergebnisse erzielt werden und die restlichen 80 % lediglich 20 % zum Erfolg beitragen.

Im Geschäft bedeutet das, dass 20 % der Kunden für 80 % des Gewinns verantwortlich sind und 80 % der Kunden lediglich noch 20 % zum Gewinn beitragen. Da lohnt es sich doch, die ganze Kraft in die 20 % zu investieren, oder?

Wie „erschaffe" ich einen Leser-Avatar?

Was ist ein Avatar? Laut Wikipedia sagt ist ein Avatar eine künstliche Person oder ein grafischer Stellvertreter einer echten Person.

Wenn Sie alle Ihre Leser in einer Person vereinen könnten, wie würde diese Person beschaffen sein?

Erschaffen Sie für sich einen Avatar, der Ihre Leser in einer Form repräsentiert, mit der Sie sich wohlfühlen und für den Sie gerne schreiben würden. Dieser Avatar ist sozusagen das Gesicht für alle Personen, die er verkörpert.

Machen Sie nun ein Experiment: Stellen Sie sich alle potenziellen Leser vor, die Sie sich für Ihr Buch vorstellen können, und vereinen Sie diese in einer Person. Schauen Sie, was all diese Personen gemeinsam haben und nicht, was diese unterscheidet.

Wie sieht diese Person aus, wie alt ist sie, ist sie eine Frau oder ein Mann? Ja, geben Sie dieser Person einen Namen. Hat dieser Avatar einen Sinn für Humor? Treibt er Sport? Was für einen Wagen fährt Ihr Avatar? Ist er verheiratet und hat Kinder? Hat Ihr Avatar Haustiere? Was für eine Stimme hat er/sie? Spielt er/sie ein Instrument? Welches sind seine/ihre Lieblingsfilme? Welche Worte nutzt er? Viele weitere Fragen sind denkbar.

Nehmen Sie sich nun 5 Minuten Zeit, und schaffen Sie sich die ersten Eigenschaften Ihres Avatars. Im

Laufe der Tage werden Ihnen automatisch weitere Eigenschaften in den Sinn kommen, die Sie hinzufügen können.

Der Sinn dahinter ist einfach: Mit wem sprechen Sie lieber, mit einer Person, die Ihnen vertraut ist und die Sie kennen – oder mit einer fremden Person?

So ist es auch beim Schreiben. Zu einer Person zu schreiben, die man kennt, ist viel einfacher und entspannter.

Je genauer Sie Ihren Avatar definieren, desto präziser werden Sie Ihr Buch auf Ihr Zielpublikum massschneidern.

Je genauer Sie Ihren Avatar definieren, desto genauer sprechen Sie mit seinen Worten.

Je genauer Sie Ihren Avatar definieren, desto besser können Sie sich in die Lage des Avatars versetzen.

Je genauer Sie Ihren Avatar definieren, desto besser hören Sie den inneren Dialog Ihres Avatars.

Je genauer Sie Ihren Avatar definieren, desto besser spüren Sie die Emotionen der Person.

So erfahren Sie, was den Menschen in der Nacht schlaflos hält, welche Probleme er hat und wovon er träumt.

Und wenn Sie die Emotionen spüren, dann sind Sie auf einer Ebene angelangt, in der Sie perfekt mit Ihren Lesern kommunizieren können. Ihre Leser werden Ihr Buch verschlingen.

Hier ein Beispiel, damit Sie wissen, was ich unter „Emotionen" und „innerem Dialog" verstehe.

Der innere Dialog eines Day-Traders könnte zum Beispiel so klingen: „Andere erwirtschaften doch auch Gewinne, warum klappt das bei mir nicht? Sollte ich aufhören? Nein, das System funktioniert. Ich muss es noch einmal versuchen, nur Verlierer geben auf. Das letzte Mal war ich ja im Profit und habe nur zu lange mit dem Verkauf gezögert. Ja, dieses Mal mache ich es anders. Ich muss gewinnen, sonst habe ich noch mehr Ärger mit meiner Frau. Mit diesem Gewinn schenke ich ihr ..."

Wenn Sie den Avatar richtig ausbauen, dann können Sie in seine Gedankengänge eintauchen oder, wie man auch sagt, in seinen Schuhen laufen.

Hier habe ich die wichtigsten Punkte eines Avatars zusammengefasst.

1 „Der Leser-Avatar"

- Wenn Sie alle Ihre Leser (Kunden) zu einem Kunden kombinieren, wie würde er aussehen?
- Worin bestehen die Gemeinsamkeiten aller Ihrer Leser (Kunden)?

Wer sind sie? Wie alt sind sie? Sind sie männlich oder weiblich?

2 Liste der Gemeinsamkeiten

- Wenn Sie Ihren Leser-Avatar „erschaffen", suchen Sie nach Gemeinsamkeiten, die viele Mitglieder Ihrer Leser-Zielgruppe haben.
- Nehmen Sie nur jene Gemeinsamkeiten, die eine Bedeutung und einen Wert haben. Verwerfen Sie irrelevante Informationen.
- Sie werden eine sehr spezifische, interessante, einzigartige Person „erschaffen", zu der Sie sprechen. Geben Sie ihr einen Namen.

Sehen Sie Ihren Avatar als eine reale Person an.

- Jetzt können Sie Ihr Buch für eine „reale" Person schreiben, und das macht das Schreiben viel einfacher. Wenn Sie nicht das Gefühl haben, für eine Person zu schreiben, dann sollten Sie Ihren Avatar noch weiter verfeinern.

3 Die Wortwahl/Jargon Ihrer Leser

- Unterschiedliche Menschen haben unterschiedliche Sprachen, mit denen sie untereinander kommunizieren: Techniker kommunizieren in einem anderen Jargon als Mode-Designer.

- Was ist die Sprache/der Jargon Ihres Lesers (Kunden)?

4 Die spezifische Sprache Ihres Avatars

- Ihre Leser/Zielgruppe/Kunden haben spezifische Wörter oder Sätze, die diese im Kontext ihrer Zugehörigkeit nutzen.

- Achten Sie darauf, diese „Power-Wörter" oder Redewendungen in Ihrem Buch zu verwenden.

5. Treten Sie in einen Dialog mit Ihrem Leser-/Kunden-Avatar.

- Entwickeln Sie einen „mentalen Dialog" mit Ihrem Kunden-Avatar.

- Verbinden Sie sich mit Ihrem Avatar auf einer menschlichen Ebene und sprechen mit ihm wie mit einem Freund.

Wie schreibe ich?

Wenn Sie über ein Thema schreiben, dann kommen Sie persönlich automatisch in einen Expertenmodus, und für Sie ist alles klar.

Das kommt daher, dass Sie viel recherchiert haben und zum Zeitpunkt des Schreibens für das E-Book leben.

Sie verbinden die Knoten und Punkte automatisch. Das ist beim Leser nicht der Fall, weil für diesen das Thema vermutlich neu ist.

Und vielleicht fragen Sie sich: „Welchen Schreibstil soll ich anwenden?"

Schreiben Sie einfach, und vermeiden Sie Fachausdrücke, wann immer möglich. Wenn das nicht möglich ist, dann setzen Sie den deutschen Begriff in Klammern dazu.

Der englische Wissenschaftler Theodore H. Savory hat einmal gesagt: „Die Sprache der Wissenschaftler ist in vielerlei Hinsicht der natürliche Feind der Sprache." (The language of science is in many ways the natural enemy of language.)

Kapitel 6

Wie finde ich relevante Inhalte für mein Buch?

Haben Sie sich diese Frage auch schon gestellt? Was empfinden Sie bei dieser Frage? Halten Sie es für schwierig oder für einfach, Inhalte für Ihr Buch zu finden?

Okay, ich spanne Sie nicht mehr länger auf die Folter. Mit der 10-&-10-Formel ist es die einfachste Übung der Welt, Inhalte für Ihr Buch zu finden. Wetten?

Welches sind die häufigsten Fragen, die Ihnen in Zusammenhang mit Ihrer Tätigkeit gestellt werden?

Diese Fragen sind wichtig und relevant. Diese Fragen wollen beantwortet werden. Ja, und haben

Sie es schon bemerkt? Schon haben Sie die Inhalte für Ihr Buch.

Nehmen Sie sich 30 Minuten Zeit, und schreiben Sie die 10 bis 15 fünfzehn wichtigsten Fragen auf, die Ihnen im Zusammenhang mit Ihrer Arbeit, Tätigkeit oder zukünftigen Tätigkeit immer wieder gestellt werden. Jede dieser Fragen ist ein Kapitel. Hätten Sie erwartet, dass Sie so schnell 10 Kapitel beieinanderhaben?

Okay, Ihr Buch sollte aber nicht nur 10 Kapitel haben, da liegt noch mehr drinnen.

Welches sind die Fragen, die Sie von Ihren Kunden erwarten?

Welches sind die Fragen, die Ihre Interessenten Ihnen im Zusammenhang mit Ihrer Tätigkeit stellen sollten? Sie haben bestimmt etwas, was Sie von Ihrer Konkurrenz unterscheidet, eine Spezialität oder eine eigene Technik. Diese können Sie mit den Fragen, die Ihre Leser stellen sollten, vorstellen.

Rekapitulieren wir bis hierhin: Mit dieser einfachen Technik haben Sie nun ca. 20 Kapitel zusammen. Mit 20 Kapiteln füllen Sie locker 60–80 Seiten.

Das Verhältnis muss nicht 10 zu 10 sein. Das ist lediglich ein Anhaltspunkt. Das Verhältnis können Sie je nach Ihren Bedürfnissen anpassen.

Bestimmt haben Sie noch zusätzliche Informationen, um weitere Kapitel zu erstellen.

Fazit: Inhalte für Ihr Buch zu finden, ist einfach, und Sie können sofort beginnen. Oder?

Hinweis: Meine Bücher „Coaching Guide" und „Wie veröffentliche ich mein erstes Buch auf Amazon Kindle" sind mit diesem System entstanden.

Kapitel 7

Wie nenne ich mein Buch? Warum ist der Buchtitel sehr wichtig?

Was sehen Sie als Erstes, wenn Sie in der Buchhandlung oder im Internet ein Buch anschauen? Ja genau: Es ist der Buchtitel.

1 Buchtitel – Der erste Eindruck zählt.

- Nichts ist so wichtig und kraftvoll wie der Buchtitel.

2 Erstellen Sie einen Namen, den die Leser unmöglich vergessen können.

- Versuchen Sie nicht, einen Namen zu finden, der einfach zu merken oder nett ist.
- Konzentrieren Sie sich stattdessen darauf, einen Namen zu schaffen, den man unmöglich vergessen kann.

3 Menschen erinnern sich an Namen aufgrund des Klanges und nicht durch das Sehen des Namens.

•   Namen sind Klänge, bevor sie als Worte gedruckt werden. Darum konzentrieren Sie sich in erster Linie auf den Klang oder Sound Ihres Buchtitels.

•   Repetitive Klänge und rhythmische Klänge gewinnen in diesem Bereich – so nutzen sie.

4 Vermeiden Sie „niedliche" oder „lustige" Titel.

•   Sachbücher und Ratgeber sind meistens eine seriöse Angelegenheit und können mit einem lustigen Titel schnell ins Lächerliche gezogen werden.

•   Selten haben niedliche oder lustige Titel Erfolg, also vermeiden Sie diese.

5 Verwenden Sie Buchtitel, die bereits Lösungen oder Ergebnisse aufzeigen.

- Viele Autoren denken, ein Buchtitel müsse etwas ganz Abgehobenes sein. Das ist nicht so – verwenden Sie einen Namen, der eine Leistung oder eine Lösung verspricht.

6 Ein Buchtitel mit einem guten Rhythmus bleibt eher im Gedächtnis.

- Wir haben ein System namens „phonologische Schleife", die als Gehörpuffer wirkt, bevor das Wort ins Gehirn transportiert wird.

- Verwenden Sie sich wiederholende und rhythmische Klänge, denn diese bleiben länger in der „phonologischen Schleife" hängen.

7 Verwenden Sie für den Buchtitel:

- Alliterationen (z. B. „durch dick und dünn")
- Reime
- Rhythmus
- Frageformen

- Power-Wörter/Hot Words (siehe Kapitel 11 – Die Verwendung von emotionalen Wörtern im E-Book)

Wie schreibe ich kraftvolle E-Book-Titel und Kapitelüberschriften?

Was MUSS Ihre Schlagzeile auslösen?

Die Schlagzeile muss beim Leser den starken Wunsch auslösen, mehr darüber zu lesen. Hier nun 12 Formeln für heisse Überschriften, die neugierig machen.

Formel Nummer 1: Stellen Sie Fragen!

Das ist die allereinfachste Grundregel. Wenn Sie diese beherzigen, dann ist das schon die halbe Miete.

Fragen lösen etwas aus. Wenn Sie eine Frage im Titel/in der Schlagzeile stellen, dann stellt sich diese Frage der Leser auch beim Lesen der Überschrift automatisch. Und Fragen wollen beantwortet werden! Stimmt's?

Haben Sie sich jetzt gerade innerlich eine Ja-Antwort gegeben?

Sehen Sie, es funktioniert. Richtig? Fragen sind einer der wichtigsten Fak-toren für eine knackige Überschrift.

Hier einige Beispiele:
- Wollen Sie Millionär werden?
- Wo gibt es den besten Wein in Deutschland?
- Wie finde ich meinen Traumpartner?

Okay, also Fragen zu stellen, ist eine wirksame und einfache Methode, um eine Schlagzeile bzw. einen Titel interessant zu machen.

Formel Nummer 2: Offerieren Sie Lösungen!

Probleme gibt es wie Sand am Meer. Wer eine Lösung anbietet, der findet Leser. Wie zu Beginn erwähnt, kaufen die Leser nicht Ihr E-Book, sondern die Lösung für ihre Probleme.

Hier ein paar Beispiele, damit Sie fühlen, wie eine Überschrift mit der Lösung in Verbindung mit der Frage geschrieben werden kann:

- Wollen Sie Ihr Gewichtsproblem in 10 Tagen lösen?
- Kennen Sie den einfachsten Weg, den Bildschirminhalt aufzunehmen?
- Suchen Sie ein einfaches und kostenloses Audio-Aufnahme-programm?

Lösungen sind das beste Rezept für gute Bücherverkäufe.

Formel Nummer 3: Enthüllen Sie Geheimnisse!

Haben Sie auch Geheimnisse? Ja wer hat nicht ein grosses oder kleines Geheimnis. Geheimnisse sind schon etwas Spezielles.

Ja, auch wenn es manchmal etwas viel gebraucht wird, es ist immer spannend, Geheimnisse zu erfahren.

Hier ein paar Beispiele von Schlagzeilen/Titeln mit der Geheim-Formel:

- Wollen Sie das Geheimnis eines erfolgreichen Tweets kennenlernen?
- Das Geheimnis der erfolgreichen Verlinkung
- Das Geheimnis, jede Frau/jeden Mann zu kriegen
- Kennen Sie das Geheimnis, auch in Stresssituationen immer entspannt zu bleiben?

Fühlen und sehen Sie auch hier wieder, wie einfach es ist, interessante Schlagzeilen bzw. Titel zu komponieren?

Haben Sie bemerkt, dass Sie jede Schlagzeile auch zusätzlich mit einer Frage verstärken können? Testen Sie die Wirkung!

Schreiben Sie verschiedene Versionen!

Formel Nummer 4: Bieten Sie Methoden, Systeme und Formeln an!

So viele Menschen es auf der Erde gibt, so viele verschiedene Arten gibt es, Dinge anzupacken. Es gibt Menschen, die suchen immer nach einer Methode, einem System oder einer Formel, wie man etwas lösen oder anpacken kann.

Darum geben Sie Ihren Lesern doch zwischendurch auch mal eine Methode oder Formel, die diese anwenden können.

Jetzt folgen wieder ein paar Titel- bzw. Schlagzeilen-Formeln:

- Hier ist die Methode, wie Sie als Handynutzer 50 % der Kosten sparen können.
- Wollen Sie 50 % Ihrer Handykosten sparen?
- Hier ist eine Formel, um das Doppelte zu verdienen.
- Hier ist DIE Methode, in jeder Umgebung innerhalb von 30 Sekunden einzuschlafen.

Diese Formeln und Methoden sind sehr beliebt und erfolgreich.

Formel Nummer 5: Bieten Sie Zeitersparnis an!

Ja, Zeit ist Geld. Für manche muss es schnell gehen. Und genau darum schreiben Sie „schnelle" Schlagzeilen/Titel für die Hektiker.

Hier einige Beispiele:
- Ein schneller Weg, den Führerschein zu machen.

- Kennen Sie den schnellsten Weg zur Erleuchtung?
- Ein schneller Einstieg in Twitter

Schnelligkeit ist immer ein guter Aufhänger.

Formel Nummer 6: Gleichnisse

Es gibt immer etwas, was wir gleich oder besser machen wollen als andere.

Mit einem Gleichnis stellen Sie einen Vergleich zu etwas anderem her, das zu erreichen erstrebenswert ist. Das tönt jetzt etwas kompliziert, darum gleich ein paar Beispiele:

- Möchten Sie gerne Italienisch sprechen wie Eros Ramazzotti?
- Möchten Sie ein Easy-Leben führen wie Paris Hilton?
- Möchten Sie gerne Tennis spielen wie Roger Federer?

Diese Gleichnisformel funktioniert sehr gut, da es für fast jede Situation ein oder sogar mehrere Vorbilder gibt.

Formel Nummer 7: Stolz und Ego

Sie können auch das Ego und den Stolz der Leser aktivieren.

Hier einige Beispiele, die den Stolz und das Ego anvisieren:

- Wollen Sie ein Auto fahren, auf das Sie stolz sein können?
- Wollen Sie einen Körper wie Arnold Schwarzenegger haben?
- Wollen Sie einen Titel führen, um den Sie andere beneiden?

Stolz und Ego sind ganz einfach zu adressieren. Malen Sie ein Bild, um das Sie andere beneiden!

Formel Nummer 8: etwas erreichen

Wir alle wollen etwas erreichen. Das können je nach Temperament und Weltanschauung sehr unterschiedliche Dinge sein.

Hier gleich einige Titel- bzw. Schlagzeilen-Beispiele:

- Jetzt können Sie ohne Anstrengung viel Geld verdienen!
- Jetzt können auch Sie zu den Topverdienern gehören!
- Wollen Sie sofort ein Musikstar werden?

Sie haben es vielleicht bereits bemerkt: Dieser Punkt und „Ego/Stolz" von vorher sind sehr nahe beieinander.

Formel Nummer 9: etwas loswerden

So, und jetzt werden wir noch etwas los: Die einen wollen aufhören zu rauchen, die anderen wollen das Übergewicht loswerden und so weiter und so weiter.

Hier einige Formelbeispiele zum Loswerden.

- Werden Sie Ihre Pfunde für immer los!
- Wollen Sie Ihre Schulden loswerden?
- Jetzt anrufen, und Sie sind Ihre Sorgen sofort los.

Diese Formel zum Loswerden kann in vielen Fällen angewandt werden.

Formel Nummer 10: „how to" oder „wie man etwas macht"

Tipps, wie man etwas macht, sind auch eine interessante Schlagzeile/ein interessanter Titel.

Hier einige Formeln, wie Sie „How to"-Schlagzeilen bzw. -Titel schreiben können:

- Wie Sie in 5 Minuten Nichtraucher werden
- Wie Sie 10 Kilometer in einer Stunde laufen
- Wie Sie ein 10-Gänge-Menu in einer Stunde kochen

Auch die „How to"-Schlagzeilen bzw. -Titel können in vielen Fällen eingesetzt werden.

Formel Nummer 11: numerische Aufzählungen

Nummern sind auch ein guter Weg, um Aufmerksamkeit zu bekommen. Nummern geben der Schlagzeile den Titel/ eine schöne Struktur.

Und so kann das aussehen:

- 14 Tipps, wie Sie heisse Schlagzeilen schreiben
- 5 Wege, um nach Rom zu kommen
- 8 Schritte zur Unsterblichkeit
- 9 Techniken für mehr Kraft

- 4 Ideen zum Basteln

Gerade wenn Sie mehrere Schritte anbieten, sind Nummern ein ideales Mittel, um Aufmerksamkeit zu erlangen.

Formel Nummer 12: die magischen Worte

Es gibt Worte, die besonders interessant sind: „Tipps", „Ideen", „Techniken", „die besten …", „die schlimmsten …", „ich mag diese …", „mein Lieblings…", „Neu", „das Beste, was ich gefunden habe".

Hier einige Beispiele; und wie Sie erkennen, sind diese auch kombinierbar:

- 10 Formeln, wie Sie heisse Schlagzeilen schreiben
- 9 Techniken für mehr Kraft
- 4 Ideen zum Basteln
- Die besten Tipps zum Schreiben

- Die schlimmsten Flirt-Sünden
- Den besten Wein, den ich je gefunden habe

Sie haben vermutlich bereits bemerkt, dass es eigentlich keine Situation gibt, die nicht mit einer dieser Formeln abgedeckt werden kann.

Kapitel 9

Warum sollten die Menschen gerade Ihr Buch kaufen?

Was wollen Ihre Leser wirklich kaufen und warum?

Kein Mensch will einfach ein Buch kaufen. Kein Mensch will einfach ein Buch lesen. Kein Mensch möchte seine Zeit mit einem Buch verplempern. Das Buch als solches ist nur ein Hindernis.

Warum also kaufen Menschen Bücher? Was motiviert Menschen zum Buchkauf?

Ihre Leser kaufen Ihr Buch, wenn es einen Wert für sie hat. Die Menschen kaufen nicht das Buch, sondern die Lösung oder das Ergebnis, das Sie im Buch vermitteln. Oder bei einem Roman kaufen die Leser Unterhaltung und Spannung.

Sie verkaufen beim Sachbuch oder Ratgeber kein Buch, sondern im Grunde genommen Lösungen, Anleitungen oder Ergebnisse.

Wenn Ihr Buch Erfolg haben will, dann müssen Sie als Erstes das Resultat hervorheben und nicht die Technik, mit der das Resultat erzielt wird.

Die meisten Autoren denken, sie verkauften ein Buch. Die Leser aber auf der anderen Seite meinen, sie kauften eine Lösung, einen Ratgeber oder die Vermeidung von Schmerz.

Auch wenn die Käufer eines Abnehm-Ratgebers denken, ein Gesundheitsbuch über das Abnehmen zu kaufen, ist der wirkliche Grund für der Kauf die Vorstellung, bei Beherzigung der Ratschläge besser auszusehen, womit bessere Chancen beim anderen Geschlecht und Stolz, 10 oder 20 Kilo abgenommen zu haben, antizipiert werden.

Oder ein anderes Beispiel könnte ein Buch zum Selberbauen einer Hundehütte sein. Der Käufer meint, eine Bauanleitung für eine Hundehütte zu kaufen. Im Grunde genommen will er seinem Hund etwas Gutes tun; und wenn er seinen Freunden die gut isolierte und schnieke Hundehütte zeigen kann, dann kommt auch sein Stolz zur Geltung.

Versuchen Sie nicht, logisch zu überzeugen – stattdessen konzentrieren Sie sich auf Ergebnisse, Lösungen und Erleichterung.

Kapitel 10

Content Education und Content Marketing mit E-Books?

Marketing is telling the world you are a rock star. Content Marketing is showing the world that you are one.

Marketing verkauft dich als Rockstar. Content Marketing zeigt der Welt, dass du ein Rockstar bist.

(Robert Rose, Content Marketing Institute)

Warum ist Content Education (Bildungsmarketing) so erfolgreich?

Die Konsumenten sind für das normale Marketing kaum mehr empfänglich. Im Internet gibt es Werbeblocker, und auch beim Fernsehen gibt es immer mehr Möglichkeiten, die Werbung zu überspringen. Das traditionelle Marketing verliert zunehmend an Effizienz.

Content Education dagegen gewinnt immer mehr an Boden. Content Marketing ist eine Marketing-Technik, mit der man eine genau bestimmte Zielgruppe erreichen kann. Für diese Zielgruppe wird relevanter und wertvoller Inhalt erstellt.

Anstelle einer normalen Produkte-Werbung wird relevanter Inhalt rund um das Produkt erstellt. Damit wird erreicht, dass die Kunden das Produkt besser verstehen und besser nutzen können. Das Konzept hinter der Content-Strategie ist, dass die Interessenten das Unternehmen im Gegenzug mit einem Geschäft und Treue belohnen.

Content Marketing mit Büchern?

Bei der Aufzählung, was zum Contentmarketing gehört, werden Artikel, Videos, Blogs, Online

Games, Checklisten, Tutorials und Infografiken erwähnt, E-Books und Bücher hingegen fast nie.

Dabei eignen sich E-Books als ideales Medium für das Content Marketing. E-Books sind schnell und kostengünstig zu erstellen und können ausserdem mit dem Print-on-Demand-Verfahren (Druck bei Bestellung) auch in gedruckter Form ausgeliefert werden. Ein E-Book kann auch als Grundlage für einen Podcast oder ein Video dienen.

Mit Educating (Bildungsmarketing, Training und Marketing) erreichen Sie zwei Ziele auf einmal: Sie erhöhen die Glaubwürdigkeit und das Vertrauen in Ihr Unternehmen und Ihre Person.

Nun kommen immer wieder Einwände wie: „Wenn ich im Buch alles erkläre, dann bucht niemand mehr meinen Service." Keine Sorge, das ist nicht so. Kaum jemand hat die Zeit, sich Ihr ganzes Wissen anzueignen, und das Buch ist ja lediglich die komprimierte Zusammenfassung Ihrer Kenntnisse.

Das Gegenteil ist der Fall. Mit dem Educating zeigen Sie, dass Sie Ihr Handwerk verstehen. Damit erhöhen Sie Ihre Glaubwürdigkeit und schaffen eine Vertrauensbasis. Ich frage Sie: Wo würden Sie einen Service buchen – bei jemandem, der beweist, dass er sein Handwerk versteht, oder bei jemandem, der den Beweis nicht erbringen kann?

Warum funktioniert Educating?

Wenn Menschen Fragen und Probleme haben, dann suchen Sie nach Lösungen. Und wenn Sie Inhalte (Content) anbieten, der diese Fragen und Probleme löst, dann sind Sie ein gesuchter Ansprechpartner.

Kapitel 11

Die Verwendung von emotionalen Wörtern im E-Book

Was sind emotionale Hot Words?

Ein Wort kann verschiedene Qualitäten haben.

Ein Wort kann emotional heiss oder emotional kalt sein.

Worin liegt der Unterschied?

Ein kaltes Wort setzt keine Emotionen in Gang, ein heisses Wort dagegen schon.

Denn unsere Sprache steckt voller Emotionen, manche Wörter setzen jedoch offensichtlich stärkere Emotionen in Gang als andere.

Emotionen auslösende Wörter sind als Hot Words, also „heisse Wörter", bekannt.

Wörter wie „Schmerz", „Geld", „Baby", „Mutter", „Verlust" und „Gewinn" entwickeln eine starke emotionale Dynamik.

Wenn diese Wörter gelesen werden, wird das emotionale Feld beim Leser aktiviert.

Und nicht nur das, zusätzlich kann auch eine tiefere emotionale Reaktion entstehen. Das kann ein Kribbeln auf der Haut sein, oder die Gesichtszüge verändern sich.

Heisse Wörter senden eine Zahl von unbewussten Botschaften und Gefühlen aus, die den Autor beim Schreiben oder bei jeder Art von Überzeugungsarbeit sehr unterstützen können.

Auf der anderen Seite ist es gut zu wissen, warum man auf bestimmte Wörter unterschiedlich reagiert. Stimmt's?

Testen Sie nun Ihre eigene Reaktion auf folgende 4 Wörter: „Kind", „Sprössling", „Baby" oder „Nachkomme".

Jedes Wort bezieht sich auf die gleiche kleine Person, aber welches Wort entfaltet die grösste emotionale Dynamik? Klar, das ist „Baby".

Mit Hot Words können Sie den emotionalen Zustand des Lesers ganz gehörig beeinflussen.

Warum wirken Hot Words auf die Emotionen?

Diese Wörter sind ANKER.

Denn mit diesen Wörtern sind unsere Gefühle und Emotionen verankert, und wenn wir diese Wörter hören, werden unsere Gefühle freigesetzt.

Wie jede Medaille zwei Seiten hat, so gibt es bei den „heissen Wörtern" solche mit positiver und solche mit negativer Wirkung.

Hot Words können positiv sein wie „Liebe", „Freiheit" und „neu".

Oder Sie können negativ sein wie „Terror", Schmerz" oder „Tod".

Der Name eines geliebten Menschen kann ein sehr positives Hot Word sein.

Schon die blosse Erwähnung des Namens eines geliebten Menschen kann jemanden dazu bringen, zu lächeln und sich gut zu fühlen.

Wenn Sie aber die Wörter „Abtreibung" oder „Entschei¬dungsfrei-heit" gegenüber jemandem erwähnen, der gegen Abtreibung ist, dann werden bei dieser Person viele negative Emotionen freigesetzt.

Wie setzt man die „heissen Wörter" ein?

Wenn ein Autor geschickt emotional geladene Hot Words kombiniert, hat er es weitgehend in der Hand, die emotionale Atmosphäre des E-Books zu lenken und zu kontrollieren.

Wie finde ich heraus, welche emotionalen Wörter ich verwenden kann?

Informieren Sie sich sehr genau über die Umgebung Ihrer Zielgruppe.

Fragen Sie sich, was dieser Zielgruppe wichtig ist und was ihr etwas bedeutet.

Finden Sie heraus, was diese Zielgruppe bewegt.

Sind Hot Words kombinierbar?

Geschickte Hypnotiseure können Dutzende von Hot Words bezüglich folgender Details in einer einzigen hypnotischen Induktion aneinanderreihen: die Kindheit, das Erreichen der eigenen Leistungsfähigkeit, tiefe Entspannung, frei von Stress zu sein und vor Gesundheit zu strotzen.

Geschickte Autoren können Dutzende von Hot Words über folgende Bereiche aneinanderreihen: Geld zu sparen, die Ausgaben zu verringern, einen grossen Gewinn als Autor zu erzielen, stolzes Besitztum; und das alles in einer packenden Geschichte.

Hot Words können an jeder Stelle eines E-Books verwendet werden.

Ein Beispiel ohne und mit Hot-Words:

a) Ich habe gehört, dass es ein neues Kind im Hause gibt.

b) Herzliche Gratulation! Ich hörte, dass es bei Ihnen zu Hause ein kleines Baby gibt!

Logisch und für Sie nun fühlbar, hörbar und offensichtlich ist die emotionale Wirkung des zweiten Satzes viel stärker als die des ersten.

„Herzliche Gratulation" löst Gefühle des Stolzes und der Erfüllung aus.

Das Wort „Baby" ist emotional viel geladener als das Wort „Kind".

Aber es gibt noch mehr.

Denken Sie an den emotionalen Unterschied zwischen „im Haus" und „bei Ihnen zu Hause".

Fazit dieses Kapitels: Mit „Hot Words" bringen Sie mehr Farbe, mehr Gefühle und mehr Zwischentöne in Ihr E-Book.

Kapitel 12

Wie soll ich arbeiten und schreiben?

Ja, das ist eine gute Frage.

Hier die 3 wichtigsten Schritte:

Schritt 1

Beginnen Sie heute. Sie haben einen Computer mit Textverarbeitungspro-gramm, stimmt's? Und Sie haben ein Thema im Kopf, über das Sie schrei-ben wollen?

Okay, dann legen Sie jetzt oder dann, wenn Sie zu Hause sind, in Ihrem Computer ein neues Hauptverzeichnis mit dem Ordnernamen „Schriftstel-ler/-in" an. In diesem Schriftsteller-Hauptordner legen Sie einen Unterord-ner mit dem Ordnernamen „E-Book 1" an.

Warum „E-Book 1"? Könnte es sein, dass Sie sich in Gedanken schon mit einem zweiten und dritten E-Book befassen?

Im Ordner „E-Book 1" legen Sie mit Ihrem Textverarbeitungsprogramm als Nächstes ein Dokument mit dem E-Book-Titel an.

Das ist ein wichtiger Schritt. So haben Sie den ersten Pflock eingeschlagen und können später, wenn Ihr E-Book bei Amazon online ist, mit Stolz auf diesen historischen Moment zurückschauen.

Und vielleicht hören Sie dann noch den Klang, wie Sie den Pflock tiefer und tiefer verankert haben.

Schritt 2

Legen Sie Blockzeiten fest. Damit Ihr E-Book schnell und effektiv fertig wird, kommen Sie nicht darum herum, einen Zeitplan aufzustellen – und diesen konsequent durchzuziehen.

Blöcke zu 50 Minuten Arbeit und 10 Minuten Pause sind sehr effektiv und produktiv. Und können Sie sich alle 2 Stunden 20 bis 30 Minuten Pause.

Halten Sie die Blockzeiten durch, auch wenn es Tage geben wird, an denen es etwas weniger gut läuft. Meine Erfahrung ist, dass Material auch von die-sen Tagen nach kurzer Überarbeitung gut ist.

Schritt 3

Schalten Sie jede Ablenkung aus. Das bedeutet, das Mobiltelefon lautlos zu stellen und in einem anderen Raum ab zu legen. Und das bedeutet auch, E-Mail-Programme, Skype, Messenger etc. zu schliessen.

Kapitel 13

Mein Buch ist fertig. Wie mache ich es in der grossen weiten Welt bekannt?

In den folgenden Kapiteln verwende ich Auszüge und Ergänzungen aus meinem Buch: „Was ist Social Media?".

Blog starten

Um Ihr Buch zu präsentieren, brauchen Sie in der heutigen Zeit eine Internetpräsenz. Das einfachste und günstigste Mittel ist ein Blog. Darum starten Sie als Erstes einen Blog. Ein Blog oder eine Website zu starten, ist keine technische Herausforderung mehr. Es gibt einfache Blogplattformen, und bei jedem Hostinganbieter können Sie mit einigen Klicks einen WordPress-Blog aufsetzen und loslegen.

Warum Besucher auf die eigene Website bringen?

Warum eine eigene Website aufsetzen? Facebook und die anderen Social-Media-Dienste sind doch gratis? Im Gegensatz zu Facebook, Google+ und Twitter etc. gehört der Blog Ihnen. Mit Ihrem Blog können Sie tun und lassen, was Sie wollen. Wenn Sie eine Fanpage bei Facebook haben, dann „gehört" diese zwar Ihnen, aber sie gehört im Endeffekt Facebook. Und Facebook kann die Regeln von einem Tag auf den anderen ändern. Das nur so am Rande.

Innerhalb der Social-Media-Umgebung direkt Werbung zu machen, ist sehr schwierig. Der alleinige Zweck der Social-Media-Präsenz ist es, den Interessenten auf die eigene Website zu lotsen.

Vermutlich wissen Sie, dass es Facebook, LinkedIn, Twitter, Google+, Pinterest und YouTube gibt.

Fühlen Sie sich von der Menge an Social-Media-Diensten begeistert oder erdrückt? Bei mir war beides der Fall. Und ich habe mich gefragt: „Brauche ich wirklich alle diese Social-Media-Kanäle? Brauche ich Facebook, YouTube, Twitter, Google+, LinkedIn und Pinterest?"

Meine Antwort ist: Ja, aber …

Es geht nicht darum, auf möglichst vielen Social-Media-Kanälen zu spielen. Es geht vielmehr darum, einen oder zwei Kanäle mit dem richtigen Content in Gang zu bringen.

Es ist nicht wichtig, möglichst viele Fans zu haben – es ist wichtig, die richtigen Fans zu haben. Was heisst das? Sie liefern Inhalte, die für Ihr Zielpublikum sinnvoll und nützlich sind. Sie bauen damit eine Verbindung zu Ihren Interessenten auf. Sie liefern kontinuierlich Lösungen für die Probleme und relevante Informationen für Ihre Fans.

Das ist viel effizienter als riesige Marketing- und Promotion-Kampagnen. Die ganze Social-Media-und-Content-Strategie hat nicht das Ziel, eine möglichst breite Masse zu erreichen, sondern eine auf das Produkt fokussierte Gruppe von Qualitätsinteressenten (Fans) aufzubauen.

Warum Social Media Marketing und Content Marketing miteinander verbinden?

Ich habe eine Statistik aus den USA gesehen, die besagt, dass Geschäfte mit einem aktiven Blog 97 % mehr Leads (Kundenkontakte) erhalten als Geschäfte ohne Blogbeiträge. Das dürfte für Buchautoren nicht viel anders sein.

Weiter besagt die Statistik, dass 61 % der Kunden äußern, eher von solchen Unternehmen zu kaufen, die relevante Inhalte liefern.

Content Marketing ist ein Weg, um die richtigen Interessenten in Bezug auf Ihr Geschäft anzuziehen. Das wird erreicht durch interessanten und relevanten Content.

Vier von fünf Entscheidungsträgern geben an, sich vor dem Kauf eines Produktes Informationen im Internet zu holen.

Noch ein kurzer Hinweis zu Ihrer Social-Media-Arbeit: Social Media sind kein 100-Meter-Rennen, sondern ein Langstreckenlauf, bei dem es Ausdauer braucht. Entscheidend ist der kontinuierliche Strom von Postings.

Für den Aufbau Ihrer Social-Media-Präsenz brauchen Sie etwas Geduld. Je nachdem, wie Ihre finanziellen Mittel sind, kann die Durststrecke drei bis sechs Monate dauern, bis Sie die ersten Resultate sehen.

Wie starte ich meine Social-Media-Aktivitäten?

Das ist ganz einfach: eins nach dem anderen oder Schritt für Schritt.

Wählen Sie Ihren ersten Social-Media-Kanal aus.

Eigentlich wollte ich schreiben: „Welcher Social-Media-Kanal sagt Ihnen am besten zu?" Aber wenn ich ehrlich bin, kommt als erste Wahl für die meisten zurzeit nur Facebook infrage. Facebook ist der Platzhirsch unter den Social-Media-Diensten mit den meisten aktiven Nutzern und besten Werbemöglichkeiten.

Und weil Facebook eine so grosse Nutzerzahl hat, wird auch Ihr Sachbuch-Thema in Facebook abgedeckt sein. Facebook ist leicht zu bedienen und ist eine exzellente Plattform, um für den Content auf Ihrer Website und Ihr Buch zu werben.

Bei Facebook können Sie auch das Zielpublikum für die Werbung sehr genau definieren. Das sind zum Beispiel Alter, Wohnort, Beruf, Interessen, Geschlecht etc.

Ich habe zwei verschiedene Klassen von Inhalten: den leichten Stoff für meine Social-Media-Aktivitäten und den schwereren Stoff für den Blog, die E-Books und Podcasts.

Was ist leichter und schwerer Stoff?

Der leichte Stoff für die Social-Media-Kanäle ist eine Mischung aus Unterhaltung und Information.

Unterhaltung:

Die Unterhaltung kann aus Elementen wie diesem Zitat bestehen:

„Hoffnung ist ein Mittelding zwischen Flügel und Fallschirm." (Tilla Durieux)

Oder Sie verwenden Memes, die zum Teil einen Bezug zu Ihrem Geschäft haben können. Was sind Memes? Das sind Bilder mit einem gescheiten oder lustigen Spruch.

Informationen:

Die Informationen können Links zu einem Artikel auf Ihrer Webseite sein oder Links zu relevanten Artikeln im Internet.

Bei mir funktionieren die Social-Media-Kanäle als Zubringer für meine Website. Somit ist auch die „Flussrichtung" vorgegeben: von Social Media zum Blog.

Zur Wiederholung, Der alleinige Zweck einer geschäftlichen Social-Media-Präsenz besteht darin, die Besucher der Social-Media-Seiten auf die eigene Website zu bringen.

Was soll ich in meinem Blog schreiben, damit ich Interesse wecke?

Sie als Fachfrau oder Fachmann haben vermutlich ein Problem: Sie wissen sehr, sehr viel über Ihr Gebiet. All das Wissen ist für Sie selbstverständlich. Stimmt's? Aber Ihr Leser hat dieses Wissen nicht. Für den Anfänger können selbst triviale Tipps ein Aha-Erlebnis auslösen. Darum treten Sie einen Schritt zurück, und schreiben Sie bewusst für „Anfänger". Denn das sind Ihre zukünftigen Kunden. Sie schreiben für die „Anfänger". Die „Anfänger" suchen nach Informationen, nicht Ihre Konkurrenz.

Fünf Tipps für Ihre Blog-Artikel

1 Ein Artikel = ein Problem oder eine Situation behandeln

2 Erkläre die einzelnen Schritte.

3 Komme auf den Punkt.

4 Sei ein Mensch. Schreibe aus deinem Herzen für Menschen.

5 Erkläre, warum die Tipps oder Werkzeuge funktionieren.

Es gibt ausserdem viele Wege, um interessante Inhalte zu finden.

Was macht meine Konkurrenz auf Facebook? Bevor Sie loslegen, schauen Sie, was Ihre Mitbewerber für Aktivitäten auf Facebook und dem Blog an den Tag legen. Welche Postings haben am meisten Likes oder wurden am meisten geteilt? So haben Sie schon einen Anhaltspunkt, worüber Sie schreiben können.

Wenn Sie keinen direkten Mitbewerber auf Facebook finden, dann ist das völlig okay. Sie könnten einen kleinen Freudentanz aufführen. Denn Sie sind der Erste und Ihrer Konkurrenz tausend Schritte voraus.

Was mache ich, wenn ich keine Mitbewerber-Fanpage oder keinen Mitbewerber-Blog finde?

Dann schauen Sie, ob es Magazine und Zeitungen in Ihrem Gebiet gibt, die eine Facebook(FB)-Fanpage oder einen Blog haben. Oder gibt es Clubs, Buchautoren oder eine Berufsvereinigung mit einer FB-Fanpage oder einem Blog? Welche Buch-Bestseller gibt es auf Ihrem Gebiet? Amazon bietet eine einfache Suchfunktion, mit der Sie die Bestseller-Bücher finden können.

Dann fragen Sie sich auch noch: „Welche Fragen stellen meine Kunden am häufigsten?" Diese Fragen suchen nach Antworten.

Und hier noch ein Tipp: Suchen Sie im Google-AdWords-Tool nach den meistgesuchten

Keywords in Bezug auf Ihr Gebiet. Warum sind diese Keywords interessant? Ganz einfach: Wenn die Menschen nach etwas suchen, dann können Sie im Blog Antworten liefern. Und wenn Sie Lösungen liefern, werden Sie weiterempfohlen. Einfach, oder?

Richten Sie Ihre Fanpage ein, und schreiben Sie Ihre ersten Postings.

Die Fanpage ist nicht Ihre persönliche Seite, sondern eine „Unterseite" Ihrer persönlichen FB-Seite. Schreiben oder lassen Sie täglich ein bis zwei Postings schreiben, wie im vorhergehenden Abschnitt beschrieben. Das machen Sie mindestens während zweier Wochen. Dann gehen Sie zum nächsten Schritt.

Kaufen Sie keine Fans.

Nur Anfänger kaufen Fans. Anfänger, die denken, viele Fans wären nützlich. Gekaufte Fans haben keinen Mehrwert. Im Gegenteil: Inaktive Fans zeigen Facebook, dass diese gekauft sind, und bringen Ihnen keine Interaktionen mit Ihren Postings.

Kaufen Sie Fans.

Jetzt, da Ihre Fanpage schon etwas Inhalt hat, können Sie damit beginnen, Ihre Fanpage bekannt zu machen. Und Sie können damit beginnen, Fans zu kaufen. Ja, das scheint ein Widerspruch zu sein, der sich aber gleich auflöst. Bei Facebook können Sie nämlich Page-Likes-Werbung kaufen.

Facebook hat eine spezielle Werbeoption, um für Fanpage-Likes für Ihre Fanpage zu werben. Mit der Page-Like-Werbeoption können Sie Fans mit Bezug und Vorlieben für Ihr Produkt oder Ihre Dienstleistung finden und bewerben. Diese bei Facebook mit Werbung gewonnenen Page Likes sind zwar teurer als gekaufte Page Likes, aber eben relevanter, und von diesen können Sie Interaktionen mit Ihren Postings erwarten.

Weitere Social-Media-Kanäle einrichten

Dieser Schritt eilt nicht. Was sicher nicht schadet, ist, einen Account bei Google+ zu eröffnen. Postings mit Links zu Ihren Blogartikeln helfen, diese schnell im Google-Suchindex zu indexieren. Je nach Branche ist auch ein Twitter- und LinkedIn-Konto sinnvoll. Wenn Sie viele Bilder haben, dann sollte auch Pinterest auf Ihrer Liste stehen. Und für Videos ist YouTube angesagt. Unterschätzen Sie YouTube nicht, YouTube ist die zweitgrösste Suchmaschine im Internet.

Fazit: Beim Social Media Marketing und Content Marketing erhalten Sie nur so viel, wie Sie hineinstecken. Starten Sie mit einem Social-Media-Kanal, und wenn dieser läuft, nehmen Sie einen weiteren dazu.

Schlusswort

„Wir wissen, wer wir sind, aber wir wissen nicht, was wir sein könnten."

Shakespeare

Anders als die Werke von Shakespeare werden unsere Nachrichten, Beiträge, Videos, Tweets und Pins nicht von Dauer sein. Sie sind einfach nur flüchtige Erwähnungen in einer Flut von Worten, die es im Internet gibt.

Das bedeutet jedoch nicht, dass sie keinen Wert hätten. Der Wert mag nur kurz sein, aber falls dies richtig angepackt wird, dann kann dieser Wert monetär sein. Unterschätzen Sie nie einen 140-Zeichen-Tweet. Übersehen Sie nie den Wert, den ein schneller Beitrag haben könnte. Worte, Bilder und Videos sind leistungsstark. Durchdenken Sie also immer jede einzelne Ihrer Social-Media-Kampagnen.

Denken Sie daran: Eine Gemeinsamkeit, die alle Social-Media-Dienste haben, ist, dass sie Menschen die Möglichkeit zum Kommunizieren geben. Menschen werden immer miteinander reden.

Und solange Menschen kommunizieren, können Sie diesen etwas vermitteln, anbieten oder verkaufen. Auch Ihr Buch.

Zusammenfassung:

Können Sie sich vorstellen zu sagen „Ich bin Buchautor", und möchten Sie die Anerkennung und Reputation eines Buchautors für Ihr Geschäft oder Ihre Karriere nutzen? Dann ist diese Buch für Sie.

Content und Education Marketing haben sich als das effizienteste Werbemittel herausgestellt, aber nur wenige nutzen das Content und Education Marketing in Buchform. Viele Menschen haben immer noch eine grosse Angst, ein Buch zu schreiben. Mit der Methode, die ich in diesem Buch beschreibe, ist es aber für jeden möglich, ein kleines Sachbuch oder einen kleinen Ratgeber in 2 bis 3 Monaten fertigzustellen.

Warum soll ich ein Buchprojekt schnell durchziehen? Wenn Sie sich entschlossen haben, ein E-Book zu schreiben, dann ist es wichtig, das Projekt sofort anzugehen. Erfolgreiche Menschen unterscheiden sich von weniger erfolgreichen dadurch, dass die erfolgreichen ihre Ideen sofort umsetzen.

Soll ich mein Buch an ein sehr breites Publikum richten? Nein, es ist wirksamer und einfacher, sich auf ein Thema zu konzentrieren. Je mehr Sie Ihr Thema eingrenzen, desto direkter sprechen Sie Ihre Leser und E-Book-Interessenten beim Auswählen des E-Books an. Und je direkter sich der Interessent angesprochen fühlt, desto eher denkt er: „Ja, der Autor spricht zu mir über mein Problem." Das führt dazu, dass er Ihr E-Book wählt und weiterempfiehlt.

Muss mein E-Book perfekt sein? Jedes E-Book, das Sie schreiben, ist ein Markt-Test. Mit jedem E-Book können Sie zuerst die Marktchancen abtasten. Das E-Book können Sie immer wieder ändern und neu hochladen.

Für wen schreibe ich? Stellen Sie sich Ihre Leserin oder Ihren Leser vor. Schreiben Sie gezielt für diese Person und nicht für eine Gruppe. Führen Sie ein „Gespräch" mit Ihrer Ziel-Person oder Ihrem Avatar. Der Sinn dahinter ist einfach: Mit wem sprechen Sie lieber, mit einer Person, die Ihnen vertraut ist und die Sie kennen – oder mit einer fremden Person?

Wie finde ich relevante Inhalte für mein Buch? Mit der 10-&-10-Formel ist es die einfachste Übung der Welt, Inhalte für Ihr Buch zu finden.

Warum ist der Buchtitel sehr wichtig? Der erste Eindruck zählt. Nichts ist so wichtig und kraftvoll wie der Buchtitel.

Warum sollten die Menschen gerade Ihr Buch kaufen? Ihre Leser kaufen Ihr Buch, wenn es einen Wert für sie hat. Die Menschen kaufen nicht das Buch, sondern die Lösung oder das Ergebnis, das Sie im Buch vermitteln. Oder bei einem Roman kaufen die Leser Unterhaltung und Spannung.

Warum ist Content Education (Bildungsmarketing) so erfolgreich? Wenn Menschen Fragen und Probleme haben, dann suchen Sie nach Lösungen. Und wenn Sie Inhalte (Content) anbieten, die diese Fragen und Probleme lösen, dann sind Sie ein gesuchter Ansprechpartner. E-Books sind das ideale Medium für das Content Marketing. Denn sie sind schnell und kostengünstig zu erstellen und können ausserdem mit dem Print-on-Demand-Verfahren (Druck bei Bestellung) auch in gedruckter Form ausgeliefert werden. Ein E-Book kann auch als Grundlage für einen Podcast oder ein Video dienen.

Wie werbe ich für mein Buch? Als Erstes starten Sie einen Blog. Ein Blog oder eine Website zu starten, ist keine technische Herausforderung mehr. Es gibt einfache Blogplattformen, und bei jedem Hostinganbieter können Sie mit einigen Klicks einen WordPress-Blog aufsetzen und loslegen.

Dann richten Sie Ihre Facebook-Fanpage ein und beginnen zu posten. Was sicher nicht schadet, ist, einen Account bei Google+ zu eröffnen. Postings mit Links zu Ihren Blogartikeln helfen, diese schnell im Google-Suchindex zu indexieren. Eine Gemeinsamkeit, die alle Social-Media-Dienste haben, ist, dass sie Menschen die Möglichkeit zum Kommunizieren geben. Menschen werden immer miteinander reden.

Solange Menschen kommunizieren, können Sie diesen etwas vermitteln, anbieten oder verkaufen. Auch Ihr Buch.

Fazit: Mit diesem Buch haben Sie ein in der Praxis erprobtes Konzept zur Hand, um Sachbücher zu schreiben.

Danke, dass Sie mein Buch gekauft haben!

Weitere Bücher von Markus Köberle

Wie veröffentliche ich mein erstes E-Book auf Amazon Kindle?

In diesem E-Book beschreibe ich den einfachsten Weg ein E-Book für Amazon Kindle zu formatieren und bei Amazon KDP zu publizieren. Amazon ASIN: B00BC3N73G

Was ist Social Media?: Warum Social Media für mein Geschäft? Wie starte ich Social Media mit kleinstem Aufwand?

Der alleinige Zweck einer Geschäfts-Social-Media-Präsenz und des Content-Marketings besteht darin, die Besucher der Social-Media-Seiten auf die eigene Website zu bringen. Warum das so wichtig ist, erfahren Sie im Buch. Amazon ASIN: B00N7V7804

Coaching Guide - Was ist Coaching?: Was ist New (Social) Media-Coaching?

Wie Sie im Buch vermutlich sehr schnell entdecken werden, gibt es sehr unterschiedliche Arten von Coaching. Auf der einen Seite gibt es klar Geschäfts orientierte Coachings wie das Business Coaching, Leadership Coaching, Karriere Coaching, New Media Coaching und Gehaltscoaching.
Amazon ASIN: B00KW8X4RZ

Weitere Informationen zu Coaching und meinen Dienstleistungen finden Sie auf meiner Website:

www.coaching1.ch

www.ingramcontent.com/pod-product-compliance
Lightning Source LLC
Chambersburg PA
CBHW051813170526
45167CB00005B/2000